IJS 서울대학교 일본연구소
Reading Japan 28

한일/대중/문화

'65년 체제'를 넘어서

저 자 : 김성민

제이앤씨
Publishing Company

본 저서는 정부(교육과학기술부)의 재원으로 한국연구재단의 지원을 받아 출판되었음(NRF-2008-362-B00006).

책 을 내 면 서

　서울대 일본연구소는 국내외 저명한 연구자와 다양한 분야의 전문가를 초청하여 각종 강연회와 연구회를 개최하고 있습니다. 〈리딩재팬〉은 그 성과를 정리하고 기록한 시리즈입니다.

　〈리딩재팬〉은 현대 일본의 정치, 외교, 경영, 경제, 역사, 사회, 문화 등에 걸친 현재적 쟁점들을 글로벌한 문제의식 속에서 알기 쉽게 풀어내고자 노력합니다. 일본 연구의 다양한 주제를 확산시키고, 사회적 소통을 넓혀 나가는 자리에 〈리딩재팬〉이 함께하겠습니다.

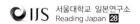

서울대학교 일본연구소
Reading Japan 28

차 례

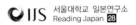
서울대학교 일본연구소
Reading Japan 28

한일/대중/문화

'65년 체제'를 넘어서

– 김성민

1. 시작하며: 왜 문화교류인가?

　최근의 제 경험을 소개하는 것으로 강연을 시작하고자 합니다.[1] 2018년 7월에 저는 일본에서 『K-POP 新感覚のメディア』(岩波新書)[2]라는 책을 출간했습니다. 그 책에서 저는 케이팝을 "케이'와 '팝'의 음악적, 산업적, 사회적 감각과

[1] 이 글은 2019년 3월 19일 서울대 일본연구소 제231회 전문가초청세미나에서 강연한 〈'65년 체제'와 대중문화－한일문화교류론의 비판적 검토〉를 바탕으로 저자가 원고를 정리, 보완한 것입니다.

[2] 한국어판은 『케이팝의 작은 역사－신감각의 미디어』(글항아리, 2018)라는 제목으로 출간되었습니다.

욕망을 매개하는 미디어'로 규정하고 그 역사적 확장 과정에 대해 논의했습니다.

사실 이명박 대통령의 독도 방문과 일왕 사죄 발언이 있었던 2012년 이후 일본에서는 '(케이팝을 중심으로 한) 제2의 한류는 소멸했다'는 담론이 형성되어 있었습니다. 그래서인지 기존의 '한류론'과는 거리를 두고 제이팝과의 공통점과 차이, 소셜미디어와의 관계성, 내셔널/로컬/글로벌한 음악산업의 구조 등을 통해 케이팝을 설명한 이 책에 적지 않은 관심이 모였던 것 같습니다. 제가 이 책을 낸 목적도 단순한 한일 관계의 프레임을 벗어나서 보다 다각적인 관점을 제시하는 것이었고요.

그러나 상황은 그리 녹록치 않았습니다. 특히 1941~1943년 일본 제철소 강제노역에 동원된 일제 강제징용 피해자들이 일본 기업을 상대로 낸 손해배상청구소송에서 최종 승소한 10월 30일을 전후로 격렬해진 내셔널리즘의 충돌 속에서 케이팝 역시 자유로울 수 없었습니다.

케이팝의 '케이'가 가진 다양한 의미를 생각하면 그것 자체로 놀라운 일은 아니었지만 파장은 저의 예상을 훨씬 넘어서는 것이었습니다. 그리고 각종 미디어의 의뢰가 이어지며 어떻게 보면 자연스럽게 저의 후속작업이 이루어졌습니다. 저는 이어진 기고문이나 인터뷰 등을 통해 '한일'의 좁은 프레임으로 빨려 들어가는 논의를 글로벌한 차원으로 끌어내고, 국가정체성을 둘러싼 단순한 정체성 정치를 문화를 둘러싼 다양한 정체성 정치의 차원으로 넓히고자 했습니다.

대표적인 예가 방탄소년단의 '티셔츠 소동'입니다. 소동의 발단은 다큐멘터리 영화에서 방탄소년단의 멤버가 입고 있던 티셔츠였습니다. 약 2초간 화면에 비친 이 티셔츠의 뒷면에는 'PATRIOTISM(애국심)', 'LIBERATION(해방)', 'KOREA(한국)', 'OUR HISTORY(우리 역사)' 등의 문구와 함께 원폭투하 사진이 프린트되어 있었습니다. 일제 강제징용 판결에 대한 반발이 일본사회를 휩쓸고 있던 분위기 속에서 일본의 우익 인사와 네티즌을 중심으로 비판이 쇄도했습니다.

그들은 이 티셔츠를 '원폭 티셔츠'로, 방탄소년단을 '반일 그룹'으로 규정했습니다. 그러자 한국에서는 이에 대한 반발이 확산되었습니다. 이 티셔츠는 원폭투하 6일 후에 식민지에서 해방된 광복절을 기념한 것일 뿐이며, 따라서 이 티셔츠는 '광복 티셔츠'이고 방탄소년단은 '애국 아이돌'이라는 주장이었습니다.

소동은 '원자폭탄'과 '광복'의 관계를 통한 역사와 타자에 대한 이해가 아닌 '원폭 vs 광복', '반일 vs 애국'이라는 극단적인 프레임과 함께 내셔널리즘의 격렬한 충돌로 확산되었습니다.

파장은 더욱 커졌습니다. 방탄소년단의 출연이 예정되어 있던 아사히 TV의 유명 음악 프로그램 '뮤직 스테이션'의 무대가 방송 전날 취소된 것입니다. 뿐만 아니라 홍백가합전과 같은 다른 방송 출연도 어려워질 것이라는 이야기가 들려왔습니다. 그리고 실제로 그렇게 되었지요.[3]

내셔널리즘의 담론적 충돌이 음악 무대를 없애버리는 상황으로 이어질 수 있다는 것이 저에게는 매우 충격적이면서 동시에 흥미롭게 다가왔습니다. 2014년에 나온 제 첫 책 『戦後韓国と日本文化 -「倭色」禁止から「韓流」まで』(岩波書店, 2014)는 해방 이후 한국에서의 일본 대중문화에 대한 금지와 월경의 역사를 연구한 것이었거든요.[4] 여기서 저는 이 '금지'가 엄격한 법제도가 아니라 문화적이고 사회적인 관례, 관습으로서 수행되고 유지되었다고 주장했습니다.

---

3) 이 소동에 관해서는 제가 쓴 다음의 글을 참고해 주시기 바랍니다. 金成玟, 「"原爆Tシャツ"で炎上のBTSが「21世紀のビートルズ」と呼ばれる理由」, 『文春オンライン』, 2018年12月16日.

4) 한국어판은 『일본을 금하다 - 금제와 욕망의 한국 대중문화사 1945-2004』(글항아리, 2017)라는 제목으로 출간되었습니다.

그런 저의 관점에서 방탄소년단의 무대 취소는 엄연한 '금지'였습니다. 결과적으로 이 무대를 기다리던 팬들이 볼 권리를 잃어버린 것은 물론이고 일반 시청자들로서도 방탄소년단이 어떤 음악과 퍼포먼스를 하는 뮤지션인지, 왜 일본의 젊은 팬들이 열광하는 것인지, 티셔츠 소동이 어떤 의미를 가지는지 생각할 기회조차 가지지 못했지요.

결국 이 소동에서 남은 것은 '원폭', '반일'과 같은 일방적인 꼬리표뿐이었습니다. 이 과정은 마치 그건 '왜색은 나쁜 것이고 따라서 왜색이니까 금지한다'는 단순한 논리 아래 시청자들이 일본의 대중문화를 보고 듣고 판단할 기회조차 갖지 못했던 한국사회의 오랜 경험과도 일맥상통합니다. 지금도 케이팝 그룹 아이즈원의 노래 중 일본어로 부른 노래가 왜색이라는 이유로 지상파 방송 무대에 서지 못하는 것이 엄연한 현실이고요.

또 흥미로웠던 것은 한일 간 갈등이 나날이 고조되고 일부 정치인과 미디어가 마치 안전핀을 뽑은 것처럼 극단적인 혐오와 적대의 언어를 쏟아내는 가운데 '그럼에도 불구하고 문화교류는 계속되어야 한다'는 언설들이 따라붙는 것이었습니다. 당연합니다. 물론 사람과 문화의 흐름을 국가가 막는 일 따위는 없어야겠지요.

다만 '한일관계'와 '문화교류'의 관계에 대한 시선이 지나치게 단순화되어 있다는 느낌은 지울 수 없습니다. 정치인과 언론마저 '단교'라는 말을 서슴없이 입에 담을 정도로 고양된 혐오와 적대의 분위기 속에서 한쪽에서는 문화교류에 대한 과장되고 무책임한 기대가, 다른 한쪽에서는 문화를 한일관계의 장식품처럼 취급하는 태도와 시선이 동시에 작동하고 있다고 보았기 때문입니다.

　전자는 문화의 생산−소비−의미생산의 복잡하고 다양한 프로세스가 '한일관계'로 귀결될 것이라는(혹은 귀결되어야 한다는) 매우 단순한 사고에 의한 것이라고 할 수 있습니다. '글로벌'의 맥락도 결여되어 있고, 문화의 다양한 흐름과 공유가 한일관계를 더욱 복잡하게 할 수도 있다는 것도 고려하고 있지 않지요.

　후자는 국가가 언제든지 문화의 흐름과 공유를 제한할 수 있다는 인식에 의한 것입니다. 단교가 의미하는 것은 문화의 흐름을 통제하고 차단한다는 것인데, 그런 극단적인 주장을 하면서 한편으로 문화교류는 열어 놓아야 한다고 말하는 것은 논리적으로도 맞지 않을 뿐만 아니라 다양한 정체성과 시선으로 빚어지는 정치성들을 표백하고자 하는 매우 정치적인 것입니다.

따라서 이 두 입장, 즉 문화교류에 과도한 기대를 가지는 것과 그것을 언제든 통제할 수 있다고 믿는 것은 상반된 듯 보이지만 사실은 매우 닮아 있습니다. 결국 내셔널/로컬/글로벌을 관통하며 흐르는 문화의 공유를 '한일'이라는 좁은 프레임에만 종속시키고자 하는 태도를 가지고 있기 때문입니다.

이러한 과정을 지켜보면서 저는 한국과 일본의 '문화교류'에 대해 보다 근본적으로 다시 한 번 생각해 보고 싶었습니다. 한일관계에서 '대중'과 '문화'는 어떤 위치에 놓여 왔는가. 국경을 넘는 사람과 문화의 흐름이 가지는 의미는 무엇인가. 문화를 통해 '한일'이라는 프레임 자체에 문제를 제기하는 것은 가능한가.

'한일/대중/문화'라는 제목에서 알 수 있듯이 이 질문들은 '한일(의) 대중문화'를 논의하기 위한 것이 아닙니다. 오히려 반대이지요. 이 질문은 크게 세 가지로 볼 수 있습니다.

첫째, 이 논의는 지금까지 대중문화가 한일관계에 의해 동원 혹은 억압되어 온 역사에 대한 비판적 재검토를 목적으로 하고 있습니다.

둘째, 그러한 동원과 억압의 과정을 통해 '대중'과 '문화'라는 개념이 '한일'의 프레임 안에서 제한되고 고착화되어 대중과 문화를 통한 다양한 논의와 실천의 가능성이 제한되고 있다는 문제의식을 가지고 있습니다.

셋째는 방법입니다. 여기서는 단어 사이에 밀접한 관계가 있다는 것을 의미하는 슬래시(/)를 사이에 둔 한일/대중/문화가 각각의 독립적인 영역에 위치해 있습니다. 이는 무엇이 '한일'이라는 거대한 관념에 의해 동원 혹은 억압되어 왔고 그럼에도 불구하고 또 어떤 다양한 논의와 실천이 대중과 문화를 통해 생산되어 왔는지를, '한일'과 '대중', '문화'를 동등한 층위에 놓고 살펴보기 위해서입니다.[5)]

2. 한일 문화교류의 맥락과 층위들

그럼 1965년 이후 한일의 문화교류가 담론과 실천, 제도로서 어떻게 형성되고 변용되어 왔는지 크게 세 시기로 나누어 살펴보도록 하겠습니다.

---

5) 본문에서는 '대중/문화'와 '대중문화'가 섞여서 쓰일 것입니다. 대중문화는 일반적인 개념(Popular Culture)의 의미로, 대중/문화는 '일본/대중/문화'의 관계 안에서의 대중과 문화를 강조하는 형태가 될 것입니다.

첫 번째 시기는 한일기본조약이 체결된 1965년부터 한국사회가 민주화와 국제화, 자유화 등을 통해 전환기를 맞은 1988년까지입니다. 저는 이 시기를 '묵인(黙認)의 시대'라고 부르겠습니다. 식민지배 이후 서로 다른 맥락의 고도성장과 현대화를 경험한 한국과 일본의 '관계'가 새롭게 구축되는 가운데, '한일 문화교류'의 프레임은 어떻게 형성되었고 그 속에서 '대중'과 '문화'는 어디에 위치하고 있었는지 생각해 보겠습니다.

두 번째는 냉전 체제가 해체되기 시작한 1989년부터 한일 양국에 상호의 문화가 정착하고 일본에서의 '한류' 붐이 절정에 달했던 2011년까지입니다. 인터넷과 소셜미디어가 등장하고 글로벌화의 질서가 일상에 내재화된 이 시기를 통해 한국과 일본은 서로의 문화를 승인하고, 문화적 관계 구축을 공식화하고, 대중과 문화의 다양한 상호작용을 일상화했습니다. '승인(承認)의 시대'입니다.

그리고 마지막으로 전세계적인 내셔널리즘의 고양 속에서 양국이 소위 '최악의 한일관계' 속에 들어선 2012년부터 그 최악의 관계가 매일 갱신되고 있다고 인식되고 있는 지금 현재까지입니다. 저는 이 시기, 그러니까 최근 수년간을 '부인(否認)의 시대'로 부르고, 65년 체제의 한일의 특수성 위에서 형성된 대중/문화의 위치와, 글로벌화의 흐름 위에서 새롭게 형성된 대중/문화의 위치가 복잡하게 얽히고 격렬하게 충돌하는 시기라고 명명할 것입니다.

1) 1965~1988년, 묵인의 시대

이 시기 한일관계와 문화교류를 주도하고 관리한 것은 정치, 경제, 사회의 주류 권력이었습니다. 소련과의 냉전에서 승리해야 하는 미국의 입장에서 동아시아의 중핵 역할을 해야 하는 일본과 냉전의 최전선 기지에 놓여 있는 한국이 외교 관계를 구축하는 것은 무엇보다 중요한 과제였습니다.

그 안에서 민주화나 식민지배의 역사 청산과 같은 과제보다는 미국을 중심으로 한 냉전체제에서 부여된 역할을 수행하기 위한 군사동맹과 경제성장이 우선시되었죠. 1965년 당시의 『한일회담 백서』 역시 한일의 '국교정상화가 한미일 삼각관계의 연대를 강화하고 국제적인 경제협력관계를 촉진시켜 국가적으로 승공통일을 위한 자유경제체제의 확립과 경제적 번영을 이룩할 기반'이라고 분명하게 밝히고 있습니다.

냉전 체제의 경계 위에서는 주류 권력 이외의 차원에서 자유롭고 다양한 소통을 한다는 것이 사실상 불가능했습니다. 문화지도 역시 마찬가지입니다. 오직 허가 받은 사람과 지식과 문화만이 통제된 국경을 넘을 수 있었고, 정치적으로 불온하거나 경제적으로 무익하거나 문화적으로 저급하다고 여겨진 것들의 교류는 금지되었습니다. 한일의 문화교류는 지정학적, 정치적 역학 관계에 의해 그어진 경계 위에서 선별된 것들을 중심으로 시작되었다고 할 수 있습니다.

　사실 문화교류의 측면에서 볼 때 1965년의 한일협정은 매우 특이하다고 할 수 있습니다. 국교정상화라는 것은 양국의 국경이 열리고 정상적인 관계를 구축한다는 것을 의미하는데 그 관계에서 문화영역만이 배제되었기 때문입니다.

　당시 한국사회의 분위기는 매우 묘했는데, 한일협정에 반대하는 움직임이 전국적으로 전개되는 한편에서 일본의 문화와 상품이 밀수·유통·소비되었고 다시 그에 대한 비판과 반발이 확산되고 있었습니다. 국민적 반대를 무릅쓰고 한일협정을 통해 경제발전을 추진하고 정권의 정통성을 확립하고자 했던 박정희 정권으로서는 일본의 문화에 대해 이승만 정권 때와 같은 적극적인 금지 정책을 취할 수도, 영화 수입과 같은 개방 정책을 실시할 수도 없었습니다.

　결국 박정희 정권은 일본 문화에 대한 문을 열지 않음으로써 한일협정을 반대하는 국민 정서를 달래고 동시에 일본 대중문화의 부정성을 상징하는 '왜색'이라는 매직워드를 통해 한국사회를 문화적으로 검열하고 통제하는 방법을 택했습니다(예를 들어 1965년부터 1981년까지 '왜색'을 이유로 금지된 곡은 이미자의 '동백아가씨'를 포함해서 247곡에 달했습니다).

한일국교정상화 직후인 1966년에 박정희 대통령은 '한일국교정상화 후에 우리가 경계해야 할 점은 일본의 음반 잡지 등 일본문화의 침입을 국민 각자가 막는 것'(중앙일보, 1966.1.21)이라는 말을 남겼습니다.

저는 이 발언이야말로 이 시기 한일 문화교류의 성격을 상징적으로 보여주는 것이라고 생각합니다. 국교가 정상화된 한일관계에서 문화가 배제되어 있다는 것을 확인한 동시에, 그러한 문화의 배제가 '국가의 차원'이 아닌 '민간의 차원'에서의 의무와 책임에 의한 것으로 전환되었음을 나타내는 것이었으니까요.

이것은 '일본 대중문화 금지'의 핵심적인 성격이기도 합니다. 일본 대중문화에 대한 금지는 위반에 직접적인 제재를 가하는 법적으로서의 금지가 아닌, 일본 대중문화의 수용에 대한 사회적인 비난과 개개인의 자기 억압 및 검열로 인해 수행되는 금지였습니다. 무엇보다 일본 대중문화가 국경을 넘었다는 것, 한국인들에게 수용되고 있다는 것 자체를 '부인'해야 했습니다.

많은 분들이 잘 아시는 '우주소년 아톰'이나 '마징가 제트' 같은 애니메이션이 한국어로 된 주제가와 한국 이름을 가진 등장인물로 수십 년간 한국산 애니메이션으로 인식되며 수용되었던 것이 대표적이라고 할 수 있겠지요.

일본 대중문화에 대한 금지가 한국사회의 하나의 규범이었던 1970-80년대에 일본 애니메이션이 한국 아동 대상 방송 콘텐츠의 절대적인 비중을 차지하고 있던 상황은 그 자체로 보면 '일본 대중문화 금지'라는 규범을 위반한 것처럼 보입니다. 그러나 콘텐츠에서 일본어 가사나 이름을 지워 국산 콘텐츠로 인식되게 하고 해당 작품들이 사실은 일본의 작품이라는 것이 알려지면 언론을 중심으로 '왜색'이라는 꼬리표를 붙이고 비난을 가함으로써 '금지'가 유지되고 있다는 것을 사회적으로 환기시키는 과정을 반복했던 프로세스는 금지의 '위반'보다는 '수행'에 가까운 것이었습니다.

금지에서 가장 중요한 것은 박정희 대통령이 말했던 것처럼 '일본문화의 침입을 국민 각자가 막는 것'을 반복해서 수행해 나가는 그 프로세스 자체였고, 결과적으로 이 시기 내내 그것이 작동했던 것이니까요.

이렇게 금지가 수행되는 과정에서 가장 눈에 띄는 것은 방송, 영화, 만화, 광고, 대중가요 등 미디어 대중문화 전반에서 일본 대중문화를 표절, 모방하는 관행이 일상화되었다는 것입니다. 텔레비전, 비디오, 워크맨 등 새로운 미디어가 도입될 때마다 그 콘텐츠의 상당 부분은 일본 것으로 채워졌습니다.

사실 저는 표절과 모방은 새로운 문화가 도입되고 수용되고 재창조되는 과정에서 빼놓을 수 없는 단계라고 생각합니다. 일본이 독자적인 미디어 대중문화를 구축하는 과정에서도 미국 문화의 표절과 모방은 중요한 단계였죠. 그것은 21세기 들어 폭발적으로 성장하고 있는 중국 미디어 산업에서도 쉽게 발견할 수 있는 것이고요.

그럼에도 불구하고 대중문화에 대한 '접촉' 그 자체가 금지되는 상황에서 이 시기의 일본 대중문화에 대한 표절과 모방의 성격은 매우 특수한 것이었습니다. 국제저작권법도 부재했기 때문에 표절과 모방의 주된 방향성은 표절 그 자체를 감추는 것이 아니라 '왜색'을 지우고 한국적인 것으로 각색하는 것이었습니다. 내용은 그대로 복사하고 작가의 이름만 한국인으로 바꿔 출간한 일본 만화가 당시의 표현대로 '범람'했던 것도, 대중문화 시장은 확대시키면서 '일본 대중문화 금지'

라는 규범을 지키는 하나의 방법이었을 것입니다.

　이러한 한국의 상황에 대해 일본의 반응은 거의 묵인에 가까운 것이었습니다. 대부분의 일본인들은 한국에서 일어나는 일에 대해 무지하거나 무관심했고, 일부 인지한다고 해도 시장의 측면에서 일본에 크게 해가 되지 않을 뿐더러 당시 이미 무시 못할 규모였던 일본 만화영화의 한국 하청 구조처럼 오히려 산업적인 면에서 지배적인 구조를 공고화하는 요소라고 생각했을 것입니다.

　또 문화적으로는 그런 상황이 일본과 한국의 위계를 보여주는 것이고, 먼저 문명화를 이뤄 탈아시아한 일본의 우월성과 근대화와 경제성장에 뒤처진 한국의 열등성을 확인시켜 주는 것이라고 인식한 측면도 분명히 있었지요.

　저는 이러한 당시의 한일의 관계가 '과잉된 타자'와 '부재하는 타자' 간에 구축된 것이라고 생각합니다. 이 시기의 한국에서 문화적으로 금지의 대상이었던 일본이 그렇기 때문에 역설적으로 과잉된 타자였다면, 일본에서 한국은 문화적으로는 거의 부재했다고 해도 과언이 아닌 타자였으니까요.

　정치적으로는 국교가 정상화된 냉전의 우방이고, 경제적으로는 값싼 원재료와 노동력의 공급지역이자 고도성장과 함께 급속하게 확대된 판매 시장이었지만, 문화적으로는 북한과의 구별조차 쉽지 않을 정도로 철저하게 무지했습니다.

물론 그런 한국이라는 타자의 부재가 단순히 어떤 인식이나 감정도 없었기 때문에 생겨난 것은 아니었습니다. 그러한 의식적, 무의식적인 무지와 무관심에는, 한쪽으로는 역사 청산에 대한 회피 의식, 메이지 유신 이후 축적된 근대성을 둘러싼 우월 의식, 아시아 국가에 대한 오랜 차별 의식 등이 작동했을 것이고, 다른 한쪽으로는 한국의 군사독재에 대한 반감, 당시로서는 다양한 측면에서 보다 친화적이었던 북한과의 관계 사이에서의 갈등, 군사독재와 한일의 카르텔을 묵인하는 일본 정부의 국민으로서 느끼는 죄책감과 조심스러움 등이 작동했을 것입니다. 즉 한국에 대한 무지와 무의식은 각각의 정치적 입장과 시선에 따라 서로 다른 인식과 감정이 매우 복잡하게 작용한 결과였던 것이죠.[6]

그런 상황에서 일본에서 소비되는 한국 문화는 일본인들이 공통적으로 기억하고 인지하고 있던 '조선(朝鮮)적인 것'으로 한정되었습니다. 1960년대 후반부터 80년대 중반까지 유행했던 일본인들의 '기생관광'은 당시의 일본인들(정확

---

6) '일본 대중문화 금지'에 대한 자세한 내용은 『일본을 금하다 ― 금제와 욕망의 한국 대중문화사 1945-2004』(글항아리, 2017)를 참고하시기 바랍니다.

히는 일본 남성들)이 한국을 문화적으로 어떻게 바라보고, 소비하고 있었는지를 단적으로 보여주는 것이라고 할 수 있습니다.

1937년에 발행된 경성 소개 책자 『観光の京城』를 보면 기생을 아리랑, 갈비, 한복, 한옥, 공예품 등과 함께 진정한 '조선적인 것'으로 소개하고 있습니다. 기생관광뿐만 아니라 1964년 도쿄 올림픽 때부터 해외여행 자유화가 가능해진 일본인들이 다시 서울을 찾아 소비하고자 했던 것, 그리고 그들을 위해 '연출'된 관광상품으로서의 한국과 서울 역시 철저하게 '경성적인 것'이었고 '조선적인 것'이었죠.[7]

즉 일부의 특별한 경우를 제외하고 일본의 대중에게 동시대의 한국 그리고 한국의 문화는 부재했다고 할 수 있습니다. 그것은 일본 대중문화를 금지하고 동시에 다양하게 소비했던 한국사회와 극명하게 대비됩니다.

한일 문화교류라는 측면에서 이러한 '타자의 과잉'과 '타자의 부재' 상태가 낳은 효과는 무엇이었을까요. 저는 일본어의 '데아이(出会い)'나 영어의 'encounter'와 같은 말을

---

7) 서울의 장소성과 일본 관광객들에 관해서는 김성민(2017), 「서울의 '재구조화'와 일본인 관광−강남개발을 중심으로」, 『아시아리뷰』 제6권 제2호(통권 12호) 249-268을 참고하시기 바랍니다.

한국어로 써야 할 때 어떤 단어를 골라야 할지 항상 고민하고는 하는데요(오늘은 '마주침'이라고 하겠습니다), 아무튼 이 시기에 동시대를 사는 문화적인 것으로서의 한일의 '마주침'은 없었다고 생각합니다. 그리고 더 나아가 이때 한일 문화교류에서 억압되었던 것은 단순히 방송, 영화, 만화, 광고, 대중가요의 교류만이 아니라 한일의 대중이 동시대의 감각과 욕망을 공유하는 것, 즉 '대중의 마주침' 그 자체가 아니었을까 생각하게 됩니다.

특히 1965년 이후부터 80년대 후반은 일본에서 'ジャパン・アズ・ナンバーワン(Japan as Number One)'이라는 책제목으로 상징되는 고도경제성장과 문화의 상업화, 학생 운동의 좌절과 보수 혁명에 이은 서브 컬쳐의 등장 등을 통해 문화적으로도 커다란 전환점을 맞은 시기입니다. 한국에서도 유명한 '드래곤볼'이나 '슬램덩크' 등을 연재한 만화 잡지 『週刊少年ジャンプ(주간 소년 점프)』의 발행 부수가 1971년에 이미 100만 부를 넘어설 정도로, 대중 매체의 산업적, 문화적 영향력은 이 시기를 거치며 폭발적으로 증가했습니다. 『スター誕生!(스타탄생!)』(니혼TV, 1974~84)와 같은 텔레비전 방송과 함께 일본의 '아이돌' 개념이 정립된 것도 이때입니다.

자연스럽게 학계나 언론, 대중문화 업계를 가리지 않고

'대중'에 대한 다양한 각도의 논의가 본격화되었습니다. 대중의 새로운 욕망과 역할, 그것을 통한 콘텐츠의 변화, 문화의 생산자이자 소비자로서의 대중의 참여 등이 단순히 서구의 이론을 일방적으로 받아들이는 것이 아니라 일본 미디어 대중문화의 오랜 경험 위에서 논의되고 있었습니다. 그리고 실제로 새로운 대중의 개념은 일본 대중문화의 양적, 질적 성격을 크게 바꿔 놓았고요.

그러나 이 시기에 이런 새로운 개념의 대중이 한국의 대중과 마주칠 수는 없었습니다. 한국에서 '대중', 그리고 정책, 산업, 담론, 일상생활로서의 '대중문화'가 학계나 언론에서 본격적인 논의의 대상이 된 것은 1990년대 이후입니다.

그 이유는 크게 세 가지로 볼 수 있는데 첫째는 물론 군사독재정부가 개개인의 네트워크로서의 '대중'을 인정하지 않았기 때문이지요. 이 시기에 이루어졌던 대중문화에 대한 수많은 검열과 통제의 사례들만 나열하더라도, 그리고 국가와 방송사가 주도한 여러 미디어 이벤트만 보아도, 이때 한국의 통치체제가 대중을 언제든지 통제하고 관리할 수 있는, 개개인의 욕망이 배제된 덩어리와 같은 개념으로만 생각했다는 것을 알 수 있습니다.

둘째는 지식인들을 중심으로 대중/문화를 매우 부정적

으로 다루거나 거의 다루지 않았기 때문입니다. 문화가 대학의 정식 과목으로도 거의 다루어지지 않던 시기이기도 했지만 당시 한국의 주류 지식은 대중/문화를 '반문화적인 것'으로 다뤘습니다. '일본 대중문화 금지'를 주장했던 지식인들이 내세웠던 논리는 그들이 향유하는 일본의 고급한 문화가 아닌 저급하고 불온한 문화는 금지하여 마땅하다는 것이었는데, 그것은 대중의 취향과 욕망을 반문화적인 것으로 바라보는 시선에 의한 것이었다고 할 수 있습니다.

마지막으로는 물론 경제성장의 시간차와 미디어 대중문화산업의 양적 질적인 차이를 들 수 있겠지요. 즉 이 시기에 한국과 일본의 대중이 마주치지 못한 것은 단순히 일본 대중문화가 금지되어 있었기 때문이 아니라 대중/문화의 개념 자체가 공유될 수 없었기 때문입니다. 한일의 문화교류를 정치, 경제, 사회의 주류 권력이 주도하는 가운데 대중의 경험, 가치, 사상, 행동, 욕망이 총체적으로 결합한 것으로서의 대중/문화의 연대와 교류는 불가능할 수밖에 없었습니다.

물론 이 시기에 연대와 교류를 위한 움직임이 없었던 것은 아닙니다. 훗날 '한국에 대해서 쓸 방향성을 가지지 못했었다'고 회고했던 사상가 쓰루미 슌스케(鶴見俊輔)가 김지하의 사형 반대운동을 주도하고 직접 그를 만났던 것도 연대

였지요. 1980년 5월 광주 민주화 운동 당시 한국 군부에 의한 학살에 충격을 받은 일본의 민주 단체들이 '김대중선생 구출대책위원회' 등을 꾸려 한국의 민주 단체들과 연대했던 것도 중요한 연대의 역사입니다. 그리고 그 안에서 민중 가요와 같은 문화가 운동의 차원에서 공유되고 있었던 것 역시 간과해서는 안될 경험이고요.

그럼에도 불구하고 속속 보급되는 미디어와 함께 새로운 대중문화가 전세계적으로 확산되던 이 시기에 한국과 일본 사이에서 문화적 월경이 허가되었던 것은 주류 권력과 극히 일부의 지식인, 일부의 (고급 혹은 전통) 문화인에 불과했습니다. 동시대를 사는 한국과 일본의 평범한 대중의 경험, 시선, 욕망 등이 총체적으로 만나는 문화교류는 사실상 금지되어 있었죠. 문화의 흐름과 대중의 마주침이 없는 문화교류. 이것이 냉전이라는 거대한 프레임 속에서 함께 미국을 욕망하고, 고도성장과 발전주의를 경험한 이 시기 '한일'의 문화적 특징이라고 하겠습니다.

2) 1989~2011년, 승인의 시대

앞선 시기의 한일의 문화적 관계를 주도하고 관리한 것

이 한국과 일본의 정치, 경제, 사회의 주류 권력이었다면 이 시기의 '한일'은 국제화 및 글로벌화의 흐름과 정치적, 사회적 검열로부터 자유로워진 대중/문화의 욕망과 감각에 의해 재구축되었다고 할 수 있습니다.

그건 한국에서 유지되어온 '일본 대중문화 금지'가 해체되는 과정에서도 여실히 드러납니다. 민주화 운동을 통해 군사독재 정치를 해체하기 시작한 한국사회는 1980년대 후반부터 각종 문화 규제를 완화하고 당시의 소련과 중공은 물론 북한에 이르기까지 그동안 철저히 봉쇄했던 타자들에 대한 경계를 열기 시작했습니다. 관계에 따라 정도의 차이는 있었지만 한국의 '문화지도'를 완전히 새로 그리기 시작한 것이지요. 일본에 대해서도 마찬가지였습니다.

여기에는 한국 사회 안팎의 힘이 동시에 강력하게 작용했습니다. 밖으로부터는 저작권법과 같은 국제적인 법제도와 위성방송이나 영화 직배를 통해 최신의 대중문화가 밀려들어왔고 안으로부터는 새로운 소비주체로 등장한 중산층과 민주화 이후의 젊은 세대가 그러한 대중문화에 자신들의 욕망을 투영하며 이전과 다른 새로운 문화적 네트워크를 구축하기 시작했습니다. 그리고 인터넷이라는 새로운 미디어는 이러한 변화를 폭발적으로 가속화시켰지요.

'일본 대중문화 금지'가 공식적으로 해제된 것은 1998년의 일본 대중문화 개방 선언이었지만 저는 이미 이전 10년간 '금지'는 다양한 힘에 의해 급속도로 해체되고 있었다고 생각합니다.

먼저 제도의 수준에서 이전까지 '일본 대중문화 금지'라는 규범 하에 여러 관행을 가능하게 했던 한일관계의 로컬한 특수성이 글로벌한 질서에서 더이상 실질적인 효력을 가지지 못하면서 금지 그 자체의 커다란 전환을 가져왔습니다.

한국이 서울 올림픽을 개최하고, 세계저작권협약에 가입한 80년대 후반 이후 일본에서 한국의 일본문화 수입과 소비에 대한 제도적인 정비를 요구하는 목소리가 커지기 시작했던 것도 그러한 상황을 인지했기 때문이었지요. 한국사회의 성격과 위치가 근본적으로 전환되면서 더이상 '한일관계'의 프레임 안에서 묵인해야 할 근거는 물론이고 그 효과도 희미해졌으니까요.

담론의 수준에서도 그동안의 문화적 경계를 통제하고 관리하던 다양한 논리들이 더 이상 정당성을 가지게 되지 못하게 되고, 대신 새롭게 등장한 다양한 대중/문화론이 확산되기 시작했습니다.

이미 다양한 루트와 방식을 통해 소비되고 있던 일본

대중문화를 승인하고자 하는 움직임도 이때부터 시작되었다고 할 수 있습니다. 그것은 단순히 문화개방론의 차원을 넘어 앞선 시기에 주어진 '스스로 일본 문화의 침투를 막아야하는 개개인의 의무'로부터 의식적으로든 무의식적으로든 자유로워지기 위한 것이었다고 생각합니다.

무엇보다 실천의 수준에서 대중/문화의 욕망과 감각이전혀 다른 수준으로 작동하기 시작하면서 미디어 대중문화 산업은 기존의 제작 관행에서 벗어나 새로운 시스템과 전략을 구축해야 했습니다.

1990년대 들어 PC통신 등을 중심으로 일본 대중문화 표절 관행에 대한 문제제기가 끊이지 않았던 것이나 팬덤이 대중음악의 중요한 액터로 떠오른 것은 그 대표적인 예라고할 수 있습니다. 이때부터 한국의 대중문화의 생산 주체나소비 주체 모두 새로운 시스템과 결과물을 욕망했던 것이죠. 한국 영화가 아시아의 뉴웨이브의 흐름 위에서 양적 질적으로 변화하고, 대중음악 산업에 지금의 케이팝이 가지고 있는 거의 모든 요소가 등장한 것도 바로 이 시기였습니다.

즉 한일협정 이후에도 문화가 배제되어 있었다는 것을 상징적으로 보여주었던 '일본 대중문화 금지'는 단순히 '한일'의 프레임에서 양국 관계의 변화나 정부에 의한 개방정책에 의해서만 풀어진 것이 아닙니다. '한일'이 대중과 문화를 개방한 것이 아니라는 것이죠. 오히려 주목해야 할 것은 '한일'의 프레임을 넘어선 국제화, 글로벌화의 흐름 위에서 이루어진 다양한 제도적, 담론적, 실천적 해체 과정, 그 안에서의 대중/문화의 양상입니다.

저는 이것이 한국과 일본의 문화교류를 '한일 대중문화'가 아닌 '한일/대중/문화'로 이해해야 하는 매우 중요한 이유라고 생각합니다.

한국에서 '과잉된 타자'와의 문화적 관계를 재구축하는 사이 일본에서는 '부재했던 타자'와 그 문화가 다양한 방식으로 '(재)발견'되기 시작했습니다. 민주화 운동에 의한 정치 사회적 변혁이나 여러 형태로 시각화된 고도성장의 결과물들, 그리고 88년 서울 올림픽과 같은 국제적인 미디어 이벤트 등을 접하면서 이전의 무지와 무관심의 근거가 되었던 한국에 대한 여러 시선들이 한꺼번에 변화하게 된 결과였습니다.

1987년부터 1990년까지 4년 연속으로 일본 최고 권위의 'NHK 홍백가합전(紅白歌合戰)'에 출연한 가수 조용필이 한일 문화교류의 상징으로 떠오른 것처럼 일본의 미디어가 한국의 대중문화를 다양한 방식으로 소개하기 시작한 것도

이 시기였습니다. 중요한 것은 그 대상이 한국의 '현대성'이
었다는 점입니다.

그것은 서울이라는 공간을 둘러싼 경험과 담론에서 매
우 극적으로 드러났습니다. 특히 90년대는 70년대 이후 급속
히 개발된 강남을 중심으로 서울이라는 도시공간의 기호와
표상, 사회 의식과 규범, 일상생활의 리듬이 전환된 시기입
니다. 이러한 전환은 한국에 대한 일본인들의 시선에도 커다
란 영향을 끼쳤습니다.

당시의 신문기사나 여행가이드에는 일본의 미디어나
여행자들이 80년대 후반부터 강남을 중심으로 근대화를 통
해 고도성장을 이룬 한국사회를 새로운 이미지로 인식하기
시작했다는 것이 잘 드러나 있습니다. 많은 지면에서 서울은
'문화도시', '세련', '활기', '모던', '첨단' 등의 표현을 통해 '도
쿄와 크게 다르지 않은' 도시로 묘사되기 시작했습니다. 실
제로 서울을 찾는 여행자들도 양적 질적으로 크게 변화했습
니다. 개인, 여성, 젊은 세대의 관광객이 증가하면서 한국을
방문하는 일본인 관광객이 149만 명을 넘어선 1993년에는
여성 관광객의 비율이 40%를 넘어섰습니다. 즉 80년대 말부
터 '(재)발견'되고 소비되기 시작한 것은 '조선적인 것', '경성
적인 것'이 아니라 '한국적인 것', '서울적인 것'이었습니다.[8]

이러한 새로운 시선과 관심은 한일을 포함한 동아시아의 글로벌화가 급속하게 진행된 90년대를 통해 축적되다 2000년대 '한류' 현상의 형태로 폭발했습니다. 2000년에 120만 명을 동원한 『쉬리』, 2001년에 일본에서 데뷔한 이래 2002년부터 6년 연속으로 '홍백가합전'에 출연한 보아, 2003~2004년에 방영되어 사회현상을 일으킨 『겨울연가』 등 한국 대중문화에 대한 관심은 장르를 가리지 않았습니다. 일본인들은 대중문화를 통해 일본과 다르지 않은 한국의 현대성을 실감하기 시작했고, 한국에 대한 관심은 산업과 담론 양쪽에서 폭발적으로 증가했습니다.

흥미로운 것은 이때부터 일본에서 한국이 '과잉된 타자'로 작용하기 시작했다는 것입니다. 물론 한국에서도 여전히 일본이 중요한 타자인 것은 분명했지만 산업적 근대화와 민주화를 통해 자기에 대한 인식이 변화하면서 일본이라는 타자에 대한 인식도 달라졌습니다.

이전 시기까지 일본은 산업적 근대화를 이루기 위해 따라잡아야 하는 앞선 모델이었고, 식민지적 위계에서 탈피하

---

8) 90년대 일본인의 서울 관광에 관해서는 김성민(2017), 「서울의 '재구조화'와 일본인 관광: 강남개발을 중심으로」, 『아시아리뷰』 제6권 제2호(통권 12호) 249-268을 참고하시기 바랍니다.

지 못한 냉전 동맹이자 정치적 경제적 조력자였지요. 그러나 민주화 이후 한국인들은 일본을 글로벌 시장에서의 경쟁 상대이자 군사독재정부가 묵인해왔던 식민지배 청산을 당당히 요구함으로써 새로운 관계를 구축해야 하는 상대로 인식하기 시작했습니다.

이미 수십 년간 과잉된 타자로서 내재화한 상태였기 때문에 양적 변화의 폭은 상대적으로 크지 않았습니다. 해외 관광 자유화가 실시된 1989년 이후 직접 일본을 경험하는 사람들이 늘기 시작하고 인터넷을 통해 일본에 대한 정보를 일반인들이 쉽게 공유하게 되면서, 이전까지 금지되어 있던 타자에 대한 막연한 환상이나 공포, 열등감 등이 줄어드는 등 질적인 변화가 훨씬 컸습니다.

그러나 일본에서의 한국은 달랐습니다. 부재했던 시간이 길었던 만큼 한국이라는 타자를 둘러싼 정보의 양과 충격의 정도는 매우 컸습니다. 거기에 버블 경제가 붕괴된 90년대 이후 10년 단위로 늘어나는 '잃어버린 시간' 동안 갑작스럽게 등장한 한국이라는 타자에 대한 의식과 감정은 'Japan As Number One'로부터 멀어지는 자기에 대한 인식과 얽히며 복잡하게 작동했습니다.

우리는 그것을 대중문화를 통해서 여실히 확인할 수 있

습니다. 예를 들어 케이팝(K-POP)이 생겨날 때 상대적인 비교대상이었던 '제이팝(J-POP)'이라는 말은 1988~89년에 일본에서 만들어진 표현입니다. 그것은 서구와는 다르면서 음악적, 기술적으로 뒤떨어지지 않는 일본의 독자적인 팝음악이 구축되었음을 일본 음악계 스스로가 선언한 것이었죠. 당시 세계 시장을 석권한 야마하, 롤랜드와 같은 악기 브랜드나 '시티팝(City Pop)'과 같은 장르에서 알 수 있듯 실제로 세계 2위 시장을 가진 일본의 대중음악은 음악적으로나 산업적으로나 세계 시장에서 독자적인 위치를 차지하고 있었습니다.

대중음악뿐만이 아니었습니다. 아시아 영화의 뉴웨이브 이전까지 아시아 국가로는 유일하게 세계 영화계의 주류에 진입한 영화부터 아시아의 고소성장과 도시화를 상징했던 '트랜디 드라마'와 같은 방송, 19세기부터 구축되기 시작한 독자적인 시스템 위에서 미국의 상업주의와는 다른 세계를 구축한 광고, 그리고 말할 것도 없이 일본 대중문화의 글로벌화를 이끈 망가와 아니메에 이르기까지, 일본의 대중문화는 70-80년대를 거치며 이미 독자적인 형태를 구축하고 있었습니다.

반면 한국의 대중문화는 케이팝의 형성과정이 보여주

듯 80년대 말 이후 90년대를 거치며 급속도로 성장했습니다. 한편으로는 포맷이나 내용 면에서 미국과 일본의 절대적인 영향을 받았던 영화나 텔레비전 드라마, 대중음악이 이 시기를 통해 독자적인 세계를 구축했고, 다른 한편으로는 인터넷이라는 새로운 미디어를 매우 개방적이고 적극적으로 받아들이고 활용하면서 글로벌화라는 흐름과 친화적인 대중문화의 생산－유통－소비 시스템을 구축했습니다.

그리고 2000년대 이후 '한류' 현상에는 미국과 일본의 영향을 통한 익숙하고 친밀한 감각과 동시대적인 새롭고 세련된 감각이 혼종된 컨텐츠가 가지는 문화적 요인, 그 콘텐츠들을 기존의 저작권과 시장 구조에 의한 제약에서 자유롭게 확산시킨 인터넷이 가지는 기술적 요인이 동시에 작용했습니다.[9]

다시 말해 70-80년대의 일본 대중문화가 컬러텔레비전, 비디오, 워크맨, 비디오 게임 등과 같은 새로운 미디어와 함께 역동적으로 소비되었다면, 90-2000년대에는 한국 대중문화가 바로 그런 경험을 했던 것이죠.

---

9) 케이팝과 제이팝의 관계에 관해서는 『케이팝의 작은 역사－신감각의 미디어』(글항아리, 2018)를 참고하시기 바랍니다.

그런데 글로벌화라는 전혀 다른 시스템과 세계관 속에서 그 역동성은 70-80년대와는 비교할 수 없을 만큼 증폭되어 있었습니다. 잃을 것이 별로 없었던 만큼 자유롭고 용감하게 글로벌화에 적응하던 한국에 비해 이미 완성되어 있었던 일본의 미디어 대중문화는 그만큼 변화의 여지도 적었고 새로운 시스템에 적응하기에는 버려야 할 것이 너무 많았습니다.

일본사회로서는 90년대 들어 잃어버린 역동성을 한국이라는 타자를 통해 발견하게 된 것이고, 그것은 90년대 들어 답보를 넘어 퇴행하고 있는 것처럼 보이던 일본 사회의 위기감과 크게 대비되었습니다. 일본에서 '한류'는 한국이라는 타자의 발견을 넘어서 새로운 시대의 흐름을 확인하고 그 안에서의 자기(일본)의 위치와 양상을 확인하는 계기가 된 현상이었던 것이죠.

'자기'가 잃어버린 역동성을 가진 '타자'가 그동안 부재하던 '한국'이라는 점은 감정적으로도 매우 중요하게 작용했습니다. 2004년부터 '욘사마'의 이미지와 함께 한국에 대한 과장된 예찬과 환상에 가까운 타자 이미지가 소비되기 시작하자 2005년에 출간된 '망가 혐한류'라는 만화로 상징되는 '혐한', 즉 한류에 대한 혐오와 반감이 확산되기 시작한 것은 그런 의미에서 매우 흥미로운 현상입니다.

이후에도 동전의 양면처럼 상호작용해온 '한류'와 '혐한' 현상을 통해 크게 두 가지를 생각해 볼 수 있습니다.

첫 번째로는 이전 시대와 달리 한국에 대한 다양한 인식과 감정이 일본 사회에서 공유되고 있다는 점은 분명하지만 그것들을 담아내는 담론은 여전히 협소하고 특히 국가 단위의 프레임을 벗어나지 못했다는 점입니다.

한국에서 주로 접하게 되는 혐한의 형태는 일본 도심에서 벌어지는 헤이트 스피치 데모나 혐한 서적 등일 텐데 사실 혐한의 범위는 매우 넓고 그 내용 역시 그렇게 단순하지 않습니다. 한류 담론이 한국의 대중문화에 대한 소박한 호감에서부터 한국이라는 국가와 한국인이라는 정체성에 대한 과장된 예찬까지를 망라하고 있는 것처럼, 혐한 담론 역시 용인될 수 없는 혐오와 차별주의에서부터 관계를 구축한 타자에 대한 응당 있을 수 있는 비판적 시각(정확히는 '반한') 까지를 총체적으로 담고 있기 때문이죠.

한국(인)이라는 타자가 단일하게 대상화될 수 없고, 그 대상에 대한 감정을 '좋음과 싫음' 중 하나로 규정하는 것은 더더군다나 불가능한 일입니다. 그런데 '한류'와 '혐한'의 단순한 프레임은 그런 협소한 인식과 감정을 끊임없이 (재)생산한다는 면에서 공통점이 있습니다.

그리고 이는 오랜 시간 일본을 '과잉된 타자'로 내재화해 왔던 한국의 경험과 매우 닮아 있습니다. 이 부분에 대해서는 후반부에 논의해 보도록 하겠습니다.

두 번째로는 그런 한계에도 불구하고 한일의 문화적 관계가 더 이상 주류 권력에 의해 주도되고 관리되지 않는다는 것을 보여주고 있다는 것입니다.

물론 김대중대통령과 일본의 오부치 게이조 수상이 '정부 간 교류뿐만 아니라 양국 국민간의 깊은 상호이해와 다양한 교류에 있다는 인식 하에 양국 간의 문화인적교류를 확충'하고자 선언한 '한일공동선언'이나 월드컵 공동 개최와 같이 국가의 차원에서 이루어진 전환점들 역시 간과할 수는 없겠지요.

그러나 제가 그에 못지 않게 중요하다고 생각하는 것은 한일의 대중이 서로가 경험하는 '지금 여기'의 서사와 감정을 공유하게 되었다는 점입니다.

생각해 보면 도쿄 올림픽이 열린 1964년부터 서울 올림픽이 개최된 1988년까지 24년이 걸린 것처럼 이전 시기의 한일 사이에는 상당한 기간의 시간차가 존재했습니다. 게다가 한국이 군사독재정권 하에 있었기 때문에 문화적인 감각의 격차는 그 이상이었다고도 할 수 있겠지요.

그러나 90년대에서 2000년대 사이의 한일의 대중에게는 더 이상 그런 시간차가 작동하지 않았습니다. 고도성장과 민주화, 글로벌화가 진행된 동아시아의 차원에 공통의 대중문화를 생산-유통-소비하는 시스템이 구축된 것입니다. 제이팝과 케이팝의 관계처럼 한국과 일본의 대중문화 역시 그 안에서 격차나 위계 없이 공유되게 되었습니다.

일본이 버블 경제 붕괴 이후의 장기침체를, 한국이 아시아 금융위기로 인한 국가위기를 겪으면서 한일의 대중이 동시대적인 불안과 고통을 공유하게 되었다는 점도 중요합니다. 이 과정에서 한국에는 오히려 일본보다 더 빠른 속도로 신자유주의 체제가 들어서기도 했지요. 한일 사이에서 제작된 다양한 리메이크 작품들이 보여주듯 대중문화는 이러한 서사와 감정이 공유되는 공간으로도 작동했습니다.

즉 이전 시대에 극명한 시간차를 두고 발전한 한국과 일본 사이의 문화교류가 주류 권력이 주도하는 제도와 담론에 의해 관리되었다면 이 시기부터는 대중의 경험과 감정이 한일의 문화적 관계에서 빼놓을 수 없는 요소가 되었습니다.

저는 앞서 살펴본 여러 현상이 한일의 대중이 서로를 동시대의 문화를 공유하는 타자로 승인하는 과정이었다고 생각합니다. 이전 시기까지 한국에서조차 터부시되었던 위안부 문제에 관한 논의가 시작된 것도, 양국 공공시설에 의무적으로 병기되고 있는 한국어와 일본어처럼 싫든 좋든 경계 안에 있는 타자로서 일상적으로 의식하게 된 것도 이 시기입니다. 그건 인터넷과 소셜미디어를 통해 공유되는 문화에서 보듯 주류 권력이 통제하고 관리할 수 있는 것이 아니죠.

즉 이 시기에 진행된 타자로서의 서로의 승인은 단순히 '한일'의 변화가 아니라 내셔널ー로컬ー글로벌의 차원에서 일어난 프레임의 변화였고, 다양한 차원들을 뛰어넘으며 그 새로운 프레임을 채우고자 한 대중의 욕망과 감각의 변화였다고 할 수 있습니다.

3) 2012〜현재, 부인의 시대

한일 관계에 '역대 최악'이라는 수식어가 붙은 건 어제오늘 일이 아니지요. 2000년대 들어서도 2002년 한일 월드컵을 1년 앞두고 일본에서 〈새로운 역사교과서를 만드는 모임〉이 주도하고 후소샤(扶桑社)에서 출판된 중학교 역사교과서가 문부과학성의 교과서 검정에 합격하면서 우호적이던 한일 관계가 순식간에 얼어붙는 등 역사 문제를 중심으로 한 한일

간의 갈등은 수십 년간 끊이지 않고 이어져 왔습니다.

그러나 2012년 이후 오늘에 이르기까지의 '역대 최악'의 한일관계는 그 양상이 많이 다른 것 같습니다. 우선 당시 이명박 대통령의 독도 방문과 일왕 사죄 발언이 있었던 일본사회가 반발한 정도는 한국에서 느낀 것보다 훨씬 큰 것이었다는 것을 짚어 둘 필요가 있습니다. 그리고 이때부터 새로운 갈등 패턴이 한일 관계의 한 축으로 자리잡기 시작했고 그 양상은 대중/문화를 통해서도 다양한 방식으로 표출되었습니다.

그럼 먼저 이러한 갈등의 문화적 성격을 일본 사회의 측면에서 세 가지로 생각해 보겠습니다.

첫 번째로 90년대와 2000년대를 통해 이전 시기와 같은 양국 간 위계가 없어지고 상호의 타자 인식 자체가 바뀌었다는 것입니다. 이전까지 한일 간의 갈등이 불거질 때는 익숙한 패턴이 있었습니다. 1984년 역사교과서 문제처럼 역사나 영토를 둘러싼 일본 내의 움직임이 먼저 있고 거기에 대한 한국 사회의 반발이 일어나는 식이었죠.

수십 년간 그런 식의 갈등이 시간차를 두고 일어났습니다. 한국으로부터의 반발을 일본이 다시 되받는 일도 흔치 않았죠. 그것은 한국 국민들의 반발을 무릅쓰고 한일기본조약을 체결한 1965년부터 식민지배 역사에 대한 인식과 한일 사이의 위계 위에서 암묵적으로 형성되었던 관계의 형태이기도 했습니다.

그러나 2012년 이후의 양상은 한국 내에서 일어난 움직임에 대해 일본 사회가 강하게 반발하는 것으로, 이전 시기까지 보기 어려운 것이었습니다. 2000년대부터 여러 분야에서 눈에 띄게 일본을 위협하는 한국에 대한 위기감과 일종의 열등감 같은 것이 이전과 같은 위계를 의식한 우월감이나 역사에 대한 죄책감보다 앞서게 된 것이죠.

최근 일본에서는 '한국이 일본을 얕잡아 보는 것 같다'는 불쾌감을 토로하는 중년 이상의 사람들을 적지 않게 볼 수 있는데 일본이 한국보다 모든 면에서 앞서 있다는 인식이 자리잡고 있던 시기에는 찾아보기 어려웠던 감정입니다. 한국에 대한 강한 반발의 배경에는 이러한 복잡한 감정이 작용하고 있다고 할 수 있습니다.

두 번째는 2000년대의 '한류'와 '혐한'을 통해 뿌리 내린 한국에 대한 일본 사회의 '애증'과도 같은 감정이 극단적으로 표출되기 시작했다는 것입니다. 앞서 말씀드린 대로 2000년대 이후 한국에 대한 일본 사회의 인식은 일본의 경제적 사회적 침체와 상대적으로 맞물려 있습니다. 그리고 '한류'와 '혐한'의 단순한 프레임은 한국이라는 타자에 대한 감정을

'좋음과 싫음'의 양극단에서 증폭시켜왔습니다.

2012년 이후의 한국에 대한 일본의 반발은 바로 그런 인식과 감정이 표출된 것이라고 할 수 있습니다. 특히 이명박 대통령의 일왕 사죄 발언은 일반 대중 사이에 퍼져있던 한국에 대한 '좋음과 싫음'을 한국에 대한 '실망과 혐오'로 시프트시키는 기폭제가 되었습니다.

무엇보다 방송, 출판 등 미디어 업계가 침체되면서 주류 미디어가 이런 감정을 상업적으로 이용하기 시작했습니다. 2000년대 중반부터 편성표를 가득 채운 한국 드라마와 한국 관련 정보가 '한류'를 일본 사회에 정착시켰듯이 2012년부터는 한국에 대한 적대적인 감정과 부정적인 정보를 앞다퉈 내보내며 '혐한'을 주변적인 담론에서 중심적인 담론으로 끌어당긴 것이죠.

이런 극단적인 감정의 상업화 현상은 사드 미사일 배치 전까지 한중 관계의 개선에 힘을 쏟은 박근혜 정권에 대한 비난을 통해 보다 선정적으로 심화되었습니다. 그리고 아시다시피 2018년 10월 31일의 일제 강제징용 피해자 승소 이후 일본 사회 전반에서 폭발적으로 표출되고 있습니다.

2011년 연말 홍백가합전에 동방신기, 소녀시대, 카라 등 케이팝 가수가 세 팀이 출연할 정도로 절정에 달했던 이

른바 '제2차 한류'가 이명박 대통령의 일왕 발언 이후 지상파 텔레비전을 중심으로 모습을 감춘 것도 이런 흐름에서 이해할 수 있습니다.

당시 일본의 정치인이나 언론관계자들은 실제로 '금지', '국민감정', '시청자들의 반감' 등의 표현을 쏟아냈습니다. 그것이 미디어에 의한 자숙이든, 혐한론자들의 항의에 의한 것이든, 한국에서 오랜 기간 경험한 대중문화에 대한 '금지'가 일본에서도 작동했던 것이지요. 앞서 방탄소년단의 무대 취소 소동에서도 살펴보았듯 2012년부터는 이렇게 일본에서도 한일 관계의 갈등이 대중문화에 직접적인 영향을 끼치고 있다고 하겠습니다.

마지막으로 우경화가 심화되면서 일본 사회 내부의 담론 지형이 크게 변화한 것을 들 수 있습니다. 2011년 동일본 대지진 이후 일본사회에는 '재건과 복구(復興)'라는 공통의 과제 아래에서 사회에 대한 비판과 대안적 움직임을 (일본식 표현으로 하면) '자숙'하는 '공기'가 팽배해졌습니다.

이런 분위기는 2000년대부터 진행되던 우경화와 접합되면서 태평양전쟁이나 식민지배와 같은 문제에 대해 일본 사회 내부에서 어느 정도 동의하고 있던 제어 장치들을 제거했습니다. 주류 미디어에서는 애국주의를 강조하는 방송과 영화, 출판 시장이 급격하게 확대되었고, 전쟁 및 식민지 지배 역사를 부정하는 것을 넘어 미화하려는 보다 과격한 시도가 인터넷과 소셜미디어 등을 통해 혐오 서적의 주소비층인 중장년층은 물론이고 젊은 세대에까지 침투했습니다. 일본사회에서 수십 년간 작동해오던 '전후(戰後)'의 제어 장치에 불만과 피로감을 느낀 사람들이 반응했다고도 할 수 있겠고요.

이 배타적인 내셔널리즘에서 적대의 대상으로 설정된 것은 말할 것도 없이 한국과 중국, 그리고 일본 안의 자이니치(在日)였습니다. 전쟁 및 식민지 지배 역사와 관련된 타자이자 역사 및 영토 문제를 둘러싸고 갈등을 계속하고 있는 이 두 나라에 대한 혐오는 가장 직관적이고 효과적인 방법이었던 것이죠.

일상의 풍경 역시 바뀌었습니다. 불황에 접어든 출판계에서 혐한, 혐중 서적이 서점마다 산처럼 쌓여 있는 광경도 더는 낯설지 않아졌습니다. 2009년 재특회(在特会: 재일 특권을 용납하지 않는 시민 모임)를 중심으로 한 혐한 시위가 도시 한복판에서 열리는 일 역시 일상이 되었습니다. 물론 이런 움직임에 대해서 여러 시민단체와 지역주민들, 운동가들의 대항적 움직임도 존재합니다. 그럼에도 불구하고 제도적, 사회적으로 볼 때 일본 사회 전반이 이런 혐오의 움직임을 사실상 방치해 왔다는 지적은 피할 수 없을 것입니다.

이번에는 한일 관계의 갈등 양상의 문화적 성격을 한국 사회의 측면에서 역시 세 가지로 생각해 보겠습니다.

여기서도 첫 번째로 양국 간 위계가 없어지면서 한국에서 일본에 대한 타자 인식 자체가 바뀌었다는 것을 들 수 있겠지요. 2010년대 들어 글로벌 시장에서의 삼성의 스마트폰이나 한류 콘텐츠의 성공이 한국 사회에 가져다 준 자부심은 그것이 첨단 전자기기와 최신 유행하는 대중문화라는 면에서 단순한 경제성장에 대한 만족과는 다른 차원의 것이라 할 수 있습니다. 그건 80년대에 소니의 워크맨과 대중문화의 세계적 위상을 바탕으로 'Japan as Number 1'을 자부하던 일본의 경험과도 비슷합니다. 일종의 '문화적인 위상'에 대한 욕망이라고 할까요.

그리고 근대화에서 앞서간 일본에 대한 오랜 열등감과 경쟁 심리는 이런 상황에서 매우 노골적으로 드러났습니다. 다수의 언론과 전문가들은 '일본을 따라잡았다'를 넘어 '일본을 앞질렀다'는 언설을 쏟아냈고, '일본 따라잡기'를 필생의 과제로 여겨온 한국인들은 그런 '극일'의 언설에 환호했습니다. '극일' 담론 역시 미디어에 의해 상업화되면서 확대된 것이죠.

그리고 일본에 대해서 매우 공격적이고 노골적으로 표출되는 이러한 태도와 시선은 이제는 거의 실시간으로 번역되는 언론 기사와 인터넷 및 소셜미디어를 통해 일본인들에게 직접적으로 전달되기 시작했습니다. 이전 시기와는 다른 관계에 대한 인식과 감정이 적대와 대립의 언어로 서로에게 (그것도 부정확하게) 번역되게 된 것입니다.

두 번째는 한국과 일본의 관계가 변화했는데도 불구하고 '한일'에 대한 프레임은 변하지 않았다는 것입니다. 앞서 말한 '극일'의 프레임도 그렇고 '가해자와 피해자'의 프레임 역시 공고하게 작동하고 있습니다. 이런 경향은 단순히 일본을 단순하게 프레이밍하는 데 그치는 것이 아닙니다. 한국의 위치 역시 경직된 것으로 만들어 버리지요.

해방 이후에도 한국의 주류 권력은 식민지적인 위계를 유지하고 그 안에서 자신들의 이익을 추구해 왔습니다. 그런 권력 구조를 일반 대중에게 은폐하면서 표면적으로 외친 것이 바로 '극일'이라는 프레임이었죠. 많은 정치인과 경제인, 지식인과 부유층, 그리고 언론이 밖으로 '극일'을 외치면서 일본과의 다양한 커넥션을 통해 부와 권력을 축적한 수십 년간 일반 국민들은 '일본과의 축구 시합에서 지면 현해탄에 빠져 죽으라'는 황당한 말을 마치 자신들에게 주어진 명령인

듯 수행해야 했습니다. 앞서 살펴본 '일본 대중문화 금지' 역시 유사한 성격을 가지고 있었지요.

즉 한국과 일본의 관계가 변화했다고 해도 '극일'이라는 프레임이 작동하는 한 한국인은 모든 면에서 일본을 의식하고 일본을 이기기 위해 경쟁해야 하는 '규범'에서 자유로울 수 없습니다. 지금 한국의 언론이 거의 모든 면에서 일본과의 선정적인 비교 기사를 쏟아내는 것도 '극일' 프레임이 한국 사회의 의식/무의식에 얼마나 깊숙이 자리잡고 있는지를 보여주는 것이라 하겠습니다.

'가해자와 피해자'의 프레임 역시 그렇습니다. 이 프레임은 결정적으로 '사람'을 보이지 않게 함으로써 많은 문제들에 대한 구조적인 사고를 방해합니다. 조금 거칠고 극단적인 예이긴 하지만 일본의 재해 피해 보도에 대한 댓글을 보고 있으면 저는 이 프레임이 엉뚱한 곳에서 강력하고 작동하고 있다는 것을 느낍니다. 지진이나 화산 폭발을 마치 '가해자에게 내려진 천벌'처럼 묘사하고 거기에 다수의 사람들이 동의하는 것은 단순히 타자의 존재(일본인은 물론이고 자이니치, 한국인, 그리고 모든 외국인들까지)를 외면하거나 그들의 고통에 공감하지 못하는 것일 뿐입니다. 그런데 일본인=가해자, 한국인=피해자라는 단순한 프레임은 그것에 정당성을 부여하는 역할을 합니다. 마주봐야 할 문제들도 보이지 않게 되고요.

이 '가해자와 피해자' 프레임은 한국에 대한 일본인들의 다양한 관심과 실천조차 밀어내 버리기도 합니다. 역사 문제에 문제의식을 가지고 적극적으로 개입하려는 일본인들에게 '선명성'을 요구하는 것도 그렇고 한국의 민주화 과정에서 다양한 형태로 개입하여 한국인들과 연대해 싸운 일본인들을 한국사회가 애써 외면하는 것도 그렇지요.

이런 경험은 한국사회가 민주화되고 위안부 문제를 비롯한 다양한 역사 문제가 표면화된 90년대 이후에도 반복되고 있는 것 같습니다. 이 프레임이 지배적으로 작동하는 한 일본의 '한류'와 '혐한'의 프레임이 '좋은 한국인과 나쁜 한국인' 이상의 상상력을 가지지 못하는 것처럼, 설령 조금 더 나아간다고 해도 결국엔 '좋은 일본인과 나쁜 일본인'의 구분밖에 만들어내지 못하겠지요.

마지막 세 번째로 대중/문화의 교류와 공유가 협소한 '내셔널리즘의 언어'에 갇혀 있다는 것입니다.

식민지배와 군사독재를 겪은 한국의 내셔널리즘은 유럽 국가들이나 일본과는 다른 역사적 맥락을 가지고 있습니다. 보수 세력이 역사청산 문제에 소극적인 것이나 극우 시위대가 태극기와 함께 성조기를 흔드는 것을 봐도 그렇고, 2016년 촛불시위에서 보듯 진보 세력과 일반 시민이 결합한 형태의 운동의 동력이 내셔널리즘인 것을 봐도 그렇지요.

한국사회의 특징은 아직 대중의 수준에서 안전 장치가 작동하고 있다는 것입니다. 한류나 스포츠스타, 한국의 글로벌 기업 등을 중심으로 한 애국주의를 비판하며 '국가와 히로뽕'을 합성시킨 '국뽕'과 같은 자기성찰적인 표현이 유행하는 것도 그렇지요. 혐오 서적이 베스트셀러가 되는 일도 없고 인종주의적 혐오 시위가 광화문 거리를 행진하는 일도 없습니다.

그러나 다른 한편으로 한국의 내셔널리즘이 가지는 배타성이 한국 사회 특유의 '진영 논리'와 접합되면서 표출되고 있는 것 같습니다. 그 배타성은 경계 밖의 존재를 호명할 때 매우 선명하게 나타납니다. 예를 들면 '빨갱이', '친북', '좌파'와 같이 그 어떤 여지도 주지 않고 '적'으로 규정짓는 말들입니다. 인종주의적 혐오 시위 대신 이념에 기반한 혐오 시위가 광화문 거리에서 벌어지는 것만 봐도 그렇습니다. 저는 세월호 사건 직후에 '국익'과 '좌파'라는 몇 개의 단어에 그렇게 선명한 혐오의 프레임이 작동하는 것을 보면서, 한국이 배타적인 진영의 언어가 매우 발달된 사회라는 것을 새삼 확인하기도 했습니다.

2000년대 이후 대중/문화의 교류와 공유가 폭발적으로 증가했음에도 불구하고 일본에 대한 혹은 일본과 관련된 언어는 여전히 빈약한 것 같습니다. 언어가 현상을 따라가지 못하고 있는 것이지요.

대표적으로 '친일'이라는 말이 그렇습니다. 저는 한국에서 일본과 관련된 발언을 하는 학자나 전문가들이 '친일'이라는 공격에 입을 닫아버리는 경우를 여러 번 목격했습니다. 그도 그럴 것이 친일이라는 말은 일제의 식민지배에 협력한 자를 가리키던 말이니까요. '친일'이라는 말 자체가 가진 무게에 대해서 이해하는 일은 어렵지 않습니다.

그럼 이렇게 생각해 보죠. 일본 사회에 대한 이해도가 높거나 한일 관계에서 균형 잡힌 시각을 유지하려는 사람에게 '친일'이라는 표현을 쓰는 것은 타당한 것일까요. 한국의 대중문화보다 일본의 것에 더 열광하는 사람에 대해서는 어떤 표현이 적합할까요.

안타깝게도 아직 저는 충분한 단어들을 들어 보지 못했습니다. 김대중 대통령 같은 인사를 두고 '지일파'라는 말을 대안적으로 쓰기는 하지만 '친(親)'과 '지(知)'는 전혀 다른 성격의 것입니다. 아예 대놓고 비아냥대는 '일빠'라는 말을 제외하면 사실상 일본에 호감을 가지거나 친밀함을 느끼는 사람을 가리킬 말은 없다고 해도 과언이 아닙니다.

앞서 말한 '친일'이라는 말에 입을 닫아 버린 사람들은 그 말이 정확해서 그런 것이 아닐 것입니다. 그보다는 한국 사회에서 그 말이 가지고 있는 위력을 이해하기 때문이겠죠. 과거 조영남 씨가 '맞아 죽을 각오로 쓴 친일 선언'과 같은 자극적인 '퍼포먼스'를 했던 것도 그 의미를 알기 있기 때문이었을 것이고요.

물론 '친일'이라는 말이 한일의 역사적 맥락 위에서 특수한 의미를 획득한 이상 '목숨을 걸고' 친일이라는 말을 쓸 필요는 없다고 생각합니다. 예를 들어 '호일(好日)'과 같은, 일본에 호감을 가지거나 친밀함을 표현할 다른 말을 만들어 쓰면서 일본에 대한 다양한 입장과 시선을 반영하면 되는 것이니까요.

그런데 한국 사회는 그러지 않았습니다. 여전히 '우리 안의 일본'을 어떻게 대해야 할지 우왕좌왕하는 느낌이 더 강합니다. 예를 들어 일본에서의 한류에는 그토록 열광하면서 한국의 지상파 텔레비전에 일본어가 나오는 것에는 여전히 불편해 하지요. 언론은 한국을 찾는 일본 관광객의 숫자에 주목하면서 한 쪽에서는 일본을 찾는 한국인 여행자나 소비자를 '일빠'라며 비난하는 목소리를 무비판적으로 기사화하기도 합니다. 심지어 최근에는 '왜색 문화'라는 표현이 등장하는 기사까지 있더군요.

이미 일상화된 대중의 다양한 경험을 표현하고 공유할 수 있는 언어가 부재하고 그것이 여전히 빈약한 내셔널리즘의 언어를 통해 인식되는 것은 한국이 여전히 제가 지금까지 주장해온 '금지'의 메커니즘에서 자유롭지 못하기 때문이라고 생각합니다. 이런 '내셔널리즘의 언어'들은 일본에 대한 배타성을 표출하는 데 그치는 것이 아니라 결국엔 일본과의 관계에서 한국 사회 스스로를 검열하고 통제하는 작용을 하게 되니까요.

그리고 일본 사회 역시 이러한 일종의 '금지'의 메커니즘을 경험하고 있는 것으로 보입니다. 물론 케이팝 가수나 한국 드라마가 텔레비전 화면에서 사라지는 것만을 말하는 것이 아닙니다. 예를 들어 헤이트 스피치의 대상으로 지목되는 한국인과 자이니치뿐만 아니라 적지 않은 일본인들이 한국인이라는 타자와 관련해 만들어진 억압적인 '공기' 속에서 스스로 위축되고 있는 것 역시 2012년 이후의 특징적인 현상이라고 할 수 있겠습니다.

3. '한일'과 대중/문화 사이의 긴장

'역대 최악'이라고 불리는 지금의 한일관계의 양상에는 양국 간의 정치적 갈등을 야기한 표면적인 변곡점들 말고도 이렇게 다양한 문화적, 사회적 맥락이 맞물려 있습니다. 그 중에는 한국과 일본의 국내 상황과 양국 관계의 특수성만으로 이해할 수 있는 것이 있고 배타적 내셔널리즘의 확산처럼 전세계적인 보편성과 함께 파악해야 하는 것들이 있지요.

그러나 제가 한일 간의 문화교류의 계보를 훑어본 것은 2012년 이후 한일 관계가 얼마나 최악인가를 강조하기 위해서가 아닙니다. 오히려 반대입니다. 지금 '역대 최악'의 관계만을 강조하는 것은 1965년 이후 축적되어온 대중/문화의 다양한 맥락과 층위는 물론이고 그것이 가지는 생산적인 힘을 부인(否認)하는 것에 불과합니다.

제 책(케이팝의 작은 역사)의 프롤로그에도 썼듯이 2017년의 케이팝 붐을 두고 일본의 미디어가 앞다퉈 던진 질문은 '왜 일본의 젊은이들은 한일 관계의 악화에도 불구하고 한국 발 대중음악에 열광하는가'였습니다. 이러한 질문은 케이팝의 인기, 그러니까 한일 간 대중문화는 한일 관계에 크게 좌우된

다는 점을 전제로 하고 있는 것이었습니다.

물론 어떤 면에서는 맞는 이야기지요. 앞서 살펴본 대로 2011년에 최절정을 맞았던 '제2의 한류'가 2012년 이후 한일 관계가 경색되자 순식간에 텔레비전 화면에서 사라지고 '한류의 소멸'이라는 담론이 지배적으로 공유되었으니까요. 한국에서도 2001년 역사교과서 문제로 추가 일본 대중문화에 대한 4차 개방이 3년간 유보되는 등 한일 관계는 대중문화에 큰 영향을 끼쳐왔습니다.

그러나 그것은 이제까지 '한일'을 국가 간 관계로 협소하게 보았을 때만 적용되는 이야기입니다. 이미 살펴보았듯이 한국에서의 일본 대중문화의 수용 과정에는 단순히 한일 관계의 변화뿐만 아니라 동아시아 지역과 글로벌 수준의 정치적, 경제적, 사회문화적 변용, 그리고 대중의 욕망과 감각이 작용해 왔습니다.

'제2의 한류'가 공식적으로 소멸한(것으로 되어 있었던) 일본에서도 그랬습니다. 한일 관계를 둘러싼 정부의 입장과 내셔널리즘의 직접적인 영향을 받고 또 재생산하는 매스미디어에 드러나지 않는 일본 내 한국 대중문화의 공간은 2012년과 2017년 사이에도 분야에 따라서는 오히려 확장되었습니다.

예를 들어 케이팝 콘서트 동원력에서 2013년에 동방신기가 일본 전체 2위에 해당하는 78만 명을, 2016년에 빅뱅이 전체 1위인 185만 명을 기록하는 등 '소멸'이라는 표현이 어울리지 않는 양적인 성장을 계속했고, 질적으로도 단순한 시장 규모로는 나타나지 않는 문화적 수용과 혼종이 다양한 주체들을 통해 이루어졌습니다. 우리는 그것을 다양한 장르의 대중문화공간은 물론 양국의 여행자들로 북적이는 수많은 관광공간에서도 확인할 수 있습니다. '한일 관계 회복=문화교류의 활성화'와 같은 낡은 인식으로는 이런 현실을 이해할 수가 없는 것이죠.

그래서 저는 '왜 일본의 젊은이들은 한일 관계의 악화에도 불구하고 한국발 대중음악에 열광하는가'라는 질문 속에서 무의식적으로 작용하고 있는 '한일'과 '대중/문화' 사이의 팽팽한 긴장에 주목해야 한다고 생각합니다. 이미 우리는 내셔널/로컬/글로벌의 차원이 복잡하게 중첩되면서 흐르고 섞인 대중/문화를 생산하고 소비하며 하나의 차원으로 환원되지 않는 세계를 살고 있기 때문입니다.

따라서 '한일관계의 악화에도 불구하고 문화교류가 유지되고 있다'는 표현은 정확하지도 않고 타당하지도 않습니다.

첫째, 이런 시각은 '한일'을 고정된 것으로 개념화합니

다. 그러나 1965년 이후의 다양한 국가 성격의 변용에서 알
수 있듯 '한일'은 고정된 것이 아니지요. 이것은 '한일' 그 자
체가 매우 다양하게 존재한다는 이야기이기도 하며 더 나아
가 한일/대중/문화의 '공통선'이 당연히 '한일관계'일 것이라
고 기대할 수 없다는 것입니다.[10] 한일의 문화는 한일 관계
의 상태를 넘어선 역사적 맥락과 함께 구축된 대중의 '감정
구조'이기도 하기 때문입니다.

둘째, 이런 시각은 한국 문화와 일본 문화 사이의 경계
를 강조합니다. 그러나 한국과 일본 간의 대중/문화는 생산
지를 엄격하게 구분할 수 없을 만큼 복잡하게 흐르고 뒤섞여
왔습니다. 저는 그래서 '문화교류'가 지금 시대의 대중/문화
를 설명하기에 충분한 개념이 아니라고도 생각하는 편인데,
아무튼 이렇게 섞여 있는 문화를 '한일'의 틀로 파악하거나
관리할 수도 없는 것이지요.

셋째, 이런 시각은 대중/문화를 비정치적인 것, 혹은 비
정치적인 것이어야만 하는 것으로 보고 한일 관계의 바깥에

---

10) 이에 대해서는 방탄소년단의 일본어 앨범 문제를 다룬 저의 글
을 참고해 주시기 바랍니다(金成玟, 「BTSという共通善とファンダ
ム―K-POPのソーシャルメディア的想像力」, 『ユリイカ』 2018年8月
号(no.730) 111-118).

혹은 아래에 둡니다. 흔히 말하는 '정치와 문화를 엄격히 구분해야 한다'는 것은 일견 문화를 보호하는 것 같지만 많은 경우 문화의 정치적 가능성을 억압하고 배제하게 되는 효과를 낳습니다. 그러나 대중/문화는 그 자체로 정치적인 것입니다. 이 공간에서는 한일의 정치가 하지 못하는 다양한 주체들의 정치가 이루어지기도 하고, 그것은 때로는 '한일'이 만들어낸 질서에 대항하기도 합니다.

이런 의미에서 저는 한일과 대중/문화 사이의 긴장이 커지고 있는 지금이야말로 1965년 이후 '한일'이라는 프레임이 만들어낸 인식과 감정의 구조를 비판적으로 검토하고 이미 복잡하게 흐르고 뒤섞이며 공유되고 있는 대중/문화가 '한일'에 종속적인 것이 아니라는 것을 확인할 좋은 기회라고 생각합니다. 그리고 대중/문화를 통해 '한일'이라는 프레임에 의해 구축된 인식과 감정의 질서에서 벗어나는 것도 가능할 것이라 생각합니다.

'한일이라는 프레임에 의해 구축된 인식과 감정의 질서'에서 벗어난다는 것은 어떤 것일까요. 세 가지만 예를 들어 보겠습니다.

첫 번째는 물론 대중문화에 투영되는 한일의 경쟁/대립 구도에서 벗어나는 것입니다.

저는 대중문화가 단순히 무차별적인 회색 집합체가 상품을 소비하고 지배 권력의 확장에 복속하는 공간이 아니라 개별의 욕망들이 매우 섬세한 방식으로 주어진 질서에 저항하고 새로운 인식과 감정을 생산하며 네트워크를 이루는 공간이라고 생각합니다. 그러나 '한류 vs 쿨재팬'과 같은 프레임에 갇히는 순간 대중문화 속의 다양한 인식과 감정은 내셔널리즘으로 단순화되고 맙니다.

두 번째는 내셔널/로컬/글로벌한 공간을 넘나드는 대중의 경험과 시선을 통해 구축된 감정 구조 그 자체가 한일의 문화라는 것을 확인하고 그 안에서 일어나는 다양한 주체들의 '공감'에 주목하는 것입니다.

한국과 일본은 사회 구조나 산업 구조에서 교육, 미디어 환경과 일상 생활의 구조까지 매우 유사하게 현대성을 구축하고 경험해왔기 때문에 그만큼 유사한 서사와 인식의 틀과 감정의 폭을 공유하고 있습니다. 그만큼 공감할 수 있다는 것이 많다는 것이죠. 일본에서 한국 문학 붐이 일어나고 소설 '82년생 김지영'이 베스트셀러가 된 것도 독자들의 공감이 없이는 불가능한 일입니다.

얼핏 '공감'이라는 단어는 매우 말랑말랑한 느낌을 주지만 이 공감이야말로 매우 정치적인 것입니다. 내셔널리즘이

지배하는 사회에서 그것에 반하는 감정의 공유는 쉬운 일이 아니죠. 그것은 자신의 정체성을 스스로 확인해서 새로 위치 짓는 것이기도 하고 주어진 경계를 벗어나 타자와 만나는 일이기도 합니다. 국가의 폭력에 의해 희생된 사람의 고통에 자신의 '소속'과 상관없이 공감하는 것은 그래서 국가에 의해 주어진 질서를 거부하는 매우 정치적인 행위가 될 수 있는 것입니다.

저는 한일과 대중/문화 사이의 긍정적인 긴장을 증폭시키는 것은 바로 대중문화를 통해 이루어지고 있는 이러한 공감이라고 생각합니다. 기존의 한일의 질서에 부합하는 문화교류와 매우 다른 형태의 문화(즉 감정 구조)의 공유는 앞으로도 주류 권력과 매스미디어의 상상력을 훌쩍 뛰어넘으며 확장될 것입니다. 따라서 지금 필요한 것은 그것을 '공기'를 읽지 못하는 일부 대중문화 팬덤과 여행자들의 특수한 경험으로 제한하거나 폄하하려는 시각을 거부하고 그것 자체를 (부러 정치인들의 말을 그대로 빌리면) 매우 '미래지향적'인 현상으로 주목하는 것입니다.

세 번째는 내셔널리즘에 기반한 언어들—혐한, 반한, 반일, 친일—의 협소한 의미에서 벗어나, 대중/문화의 공간에서 일어나는 다양한 공감을 담기 위한 언어를 만들어 쓰는 것입니다.

예를 들어 비판과 혐오는 같은 말이 아니지요. 즉 '반'과 '혐'은 구분되어야 한다는 말입니다. 지난 수십 년간 한국인들이 '입으로는 반일을 외치면서 생활에서는 일본 문화에 빠져 산다'는 말이 주는 억압에 시달려온 이유는 그것을 구분해서 인식할 충분한 언어를 가지지 못했기 때문입니다. 역사 문제를 둘러싸고 일본 정부의 정책이나 정치인들의 언행을 비판하는 것과 일본 문화를 향유하고 일본을 여행하는 것은 모순되는 일이 아닙니다. 그럼에도 전자와 후자를 표현할 충분한 언어를 가지지 못한 채 이것을 단순한 '모순'이라고만 여겨왔던 것이죠. 일본에 대한 호감을 이야기하기 전에 '일본이라는 나라는 싫지만…'이라는 말을 붙이는 한국인들의 습관은 바로 '반일'과 '친일' 이외에 충분한 언어를 가지지 못했기 때문에 생긴 것이라고 생각합니다.

일본 역시 마찬가지죠. 특히 최근에 보면 '한국이라는 나라는 싫지만 (케이팝은 좋다)'는 식의 표현을 하는 사람들이 매우 많아진 것을 느낍니다. 이 역시 '한류'와 '혐한' 사이에 있는 다양한 감정을 표현한 언어를 충분히 가지지 못했기 때문입니다. 일본인들 역시 사안에 따라 '반한'을 할 수 있지요. 그것이 모두 '혐한'이 될 수는 없습니다. 예를 들어 한국의 군부독재 시절에 한국에 대한 비판을 하고 반대운동을 펼친 일본인들은 '반한'을 한 것이지 '혐한'을 한 것이 아니거든요.

그러나 한국과 일본 사회는 한일 관계에 기초한 단순하고 폭력적인 언어에 의한 억압을 방치하고 오히려 이용해 왔습니다. 그것은 자국에 대한 일본인들의 비판적 시각이 '반일'로 규정되고, 일본에 대한 한국인의 다양한 감정이 한국 내에서 '친일'로 규정되는 사례들에서 보듯 결국 '한일'에 의한 억압과 통제로 귀결될 수밖에 없습니다. 따라서 그 안의 다양한 맥락과 층위들을 구분하기 위해서라도 기존의 한일의 프레임을 해체할 다양한 개념을 만들고 공유해야 합니다.

4. 맺으며: 대중/문화를 통한 공감의 정치

다시 방탄소년단에 대한 이야기로 돌아가 보겠습니다.

제가 이 에피소드를 자세히 소개한 것은 1965년 이후의 한일 문화교류의 계보에서 살펴본 바대로 여전히 '한일'이

강력한 내셔널리즘의 프레임으로 작동할 때 어떻게 대중/문화를 억압하고 통제하게 되는지를 보여 드리기 위해서였습니다. 그리고 아티스트의 무대가 사라진 것에 분노하는 것에 그치지 않고 어떻게 하면 '한일'의 프레임을 깰 수 있을지에 대해서 함께 생각해 보고 싶었습니다.

저는 방탄소년단의 무대가 사라진 것에 대해서 비판하는 것만큼 중요한 것은 이 소동을 통해 주목받게 된 '원폭'에 대해 관심을 가지고 희생자들과 유족들의 고통에 공감하는 한편 식민지와 전쟁의 역사와 마주보는 것이라고 생각합니다.

당시 일본에서 원폭 피해를 입은 한국인, 조선인 수가 7만 명 이상이라고 알려진 것처럼 원폭의 피해는 국적으로 구분할 수 있는 것이 아니었습니다. 그럼에도 원폭을 둘러싸고 '반일'과 '애국'의 프레임이 작동하면서 결국엔 대중/문화가 억압되는 결과를 낳았지요.

왜 이런 소동이 일어날 수밖에 없었는지를 한일을 포함한 세계사적 맥락을 통해 논의하고 이해하는 과정을 가질 수 있다면, 역사수정주의나 이분법적 세계관의 함정에 빠지지 않으면서 원폭 피해자들과 유족들의 고통은 물론 관련된 다양한 기억과 감정에도 모두 공감하는 것이 가능할 것이라고 저는 생각합니다.

그리고 그런 공감이 확산되면 결과적으로 오해와 반목을 재생산하게 만드는 '한일'의 프레임에 균열을 가하게 될 것입니다. 낙관적이고 나이브해 보일지 모르지만 어떤 힘보다도 강력한 '공감의 정치'가 이루어지는 것이죠.

오늘 살펴본 대로 '위로부터의 문화교류'는 대중의 마주침과 문화에 대한 접촉 그 자체를 통제하고 관리합니다. 그리고 결국 공감의 범위조차 제한하지요. '한일'이라는 프레임을 벗어나지 않을 만큼의 공감. 그 범위를 넘어서는 것은 생각처럼 쉬운 일만은 아닙니다. 그것 자체가 한일이 만들어낸 인식과 감정의 질서를 벗어나는 일이 되니까요.

단순히 '인류 보편'의 차원에서의 공감을 이야기하는 것이 아닙니다. 세계사적 인식과 더불어 '국민'의 정체성보다 훨씬 작은 각각의 문화적 정체성 — 세대, 젠더, 문화적 취향, 성 정체성 및 성적 지향, 지역적 특수성 등 — 에 기반한 공감이 더 많이 필요하다는 의미입니다.

한국인들에게도 '일본인'으로만 환원되지 않는 다양한 층위의 타자들에게 공감하는 것은 해방 이후 '한일'이 인식과 감정의 질서를 뛰어넘는다는 의미에서도 매우 커다란 전진이 될 것입니다. 즉 '한일'이라는 규범에 의한 억압적인 정치를 더 다양한 정체성의 정치로 뛰어넘어 버리는 것, 그것이 바로 대중/문화가 가진 정치적인 힘이 아닐까 하는 것입니다.

저는 일본에서 2012년 이후 '혐한'과 같은 더욱더 강력한 '한일'의 규범이 작동하고 있음에도 불구하고 오히려 한국 대중문화의 공간이 확장하고 있는 것을 보면서 그것이 단순히 시장이 잘 만들어진 문화상품을 소비하는 것이 아니라, 내셔널/로컬/글로벌한 층위를 오가며 구축된 한일의 문화적 관계 속에서 한국인들의 인식과 감정, 욕망과 시선에 공감하는 사람들이 늘었기 때문이라는 것을 확인할 수 있었습니다.

만약 '65년 체제'를 문화적으로 넘어서고자 한다면 이러한 공간들에 주목하고 그 속의 다양한 경험들을 공유해야 한다고 생각합니다. 과잉되지도 부재하지도 않는 타자와의 마주침을 가능하게 하는 이러한 '공감의 정치'야말로, 역사와 마주보면서도 65년 체제적인 '한일'을 뛰어넘는 다양한 주체들의 네트워크로서의 대중/문화를 확장해 나가는 방법이 될 것이기 때문입니다.

저 자┃김성민

　문화사회학자. 서울대 언론정보학과에서 석사학위를, 도쿄대 대학원 학제정보학부에서 박사학위를 받았다. 도쿄대 조교(Assistant Professor), 일본학술진흥회 특별연구원, 조지타운대 방문연구원 등을 역임했고, 현재 홋카이도대학 준교수로 재직 중이다. 한국과 일본을 중심으로 동아시아의 미디어 대중문화를 연구하고 있다. 한국에서 출간된 책으로는 『일본을 금하다―금제와 욕망의 한국 대중문화사 1945~2004』(글항아리, 2017), 『케이팝의 작은 역사―신감각의 미디어』(글항아리, 2018) 등이 있다.

IJS 서울대학교 일본연구소
Reading Japan 28

한일/대중/문화
'65년 체제'를 넘어서

초판인쇄 2019년 10월 08일
초판발행 2019년 10월 14일

기   획 서울대학교 일본연구소
저   자 김성민
발 행 인 윤석현
책임편집 박인려
발 행 처 제이앤씨
등   록 제7-220호
주   소 서울시 도봉구 우이천로 353 성주빌딩 3F
전   화 (02)992-3253(대)
전   송 (02)991-1285
전자우편 jncbook@daum.net
홈페이지 http://www.jncbms.co.kr

ⓒ 서울대학교 일본연구소, 2019. Printed in KOREA.

ISBN 979-11-5917-146-8 03300   **정가** 9,000원